# Inhalt

**Alternativen der Jobsuche**

Kernthesen

Beitrag

Fallbeispiele

Weiterführende Literatur

Impressum

# Alternativen der Jobsuche

*M. Rinkenburger*

## Kernthesen

- Die Praxis der Mitarbeitersuche hat sich in den letzten Jahren u. a. im Zuge des e-business stark verändert. Die Stellenmärkte in den regionalen und überregionalen Tageszeitungen haben Konkurrenz durch neue Medien und alternative Recruiting-Wege bekommen. (16), (4)
- In Zeiten des Stellenabbaus und zunehmender Arbeitslosigkeit quer durch alle Branchen gilt es, verschiedene Alternativen der Jobsuche zu kennen und zu nutzen. (5)
- Die Vielzahl an Alternativen und deren Spezialisierung erfordert von den Bewerbern

in Zukunft eine gezieltere Auswahl und Qualitätsprüfung unter Berücksichtigung verschiedener Faktoren wie z. B. des eigenen Profils, der Branche oder der gesuchten Tätigkeit. (1), (4)

# Beitrag

In früheren Jahren waren die Schaltung von Stellenanzeigen in Printmedien oder Initiativbewerbungen die klassischen und meist genutzten Wege für die Besetzung qualifizierter Positionen im Bereich der Fach- und Führungskräfte. Mit Aufkommen des Internets, dessen immer einfacheren Nutzung sowie dem Arbeitskräftemangel im IT-Umfeld waren die Unternehmen gezwungen, neue und alternative Wege der Recrutierung zu nutzen, um Ihren Bedarf an qualifizierten Mitarbeitern decken zu können. (4), (6) Bei der heute bestehenden Vielzahl an Recruitingkanälen ist allerdings zu berücksichtigen, dass sich nicht alle Alternativen gleichermaßen für alle Branchen und Profile eignen. Für Arbeitssuchende bedeutet dies, dass sie zum Teil mehr Zeit investieren müssen, um die geeigneten Stellenangebote zu finden. Es gilt, jene Recruitingkanäle zu kennen, in denen die vom Suchenden favorisierten Positionen ausgeschrieben sind. (6), (8)

# Stellenanzeigen in Printmedien

## Tageszeitungen

Stellenanzeigen in Tageszeitungen stellen für viele Suchende immer noch eine der ersten Informationsquellen dar. Dabei ist zu unterscheiden, ob es sich um überregionale oder regionale Zeitungen handelt. Vakante Fach- und Führungspositionen von mittelständischen und großen Unternehmen werden fast ausschließlich in überregionalen Tageszeitungen veröffentlicht, während sich Ausschreibungen in regionalen Zeitungen oftmals auf örtliche Unternehmen und z. T. auch auf weniger qualifizierte Stellenangebote beschränken. Aufgrund der wirtschaftlichen Situation und im Zuge alternativer Recruitingkanäle hat sich allerdings die Anzahl an Stellenanzeigen in diesem Medium reduziert. So hat sich z. B. das Volumen des IT-Stellenmarktes in Printmedien innerhalb eines Jahres um fast 70 Prozent verringert. (5), (6)

# Fachpublikationen

In diesen Medien werden Stellenanzeigen inseriert, die entweder eine bestimmte Branche oder eine konkrete Berufsgruppe im Fokus haben. So inserieren z. B. in fvw schwerpunktmäßig Unternehmen der Touristikbranche, die Positionen im breiten Umfeld des Tourismus zu besetzen haben. In der branchenunabhängigen Zeitschrift Personalwirtschaft hingegen werden z. B. Anzeigen für Jobs im Personalbereich geschaltet, unabhängig davon, in welcher Branche diese Positionen zu besetzen sind. Unternehmen entscheiden sich oftmals dann für diese Art der Printmedien, wenn sie Mitarbeiter mit speziellem Fachwissen suchen, zu deren Standardlektüre eben jene fachbezogenen Publikationen gehören.

# Stellenbörsen und Karriereportale

Unternehmen nutzen vermehrt die Möglichkeit, Positionen in Jobbörsen im Internet auszuschreiben. Lag der Fokus der Jobbörsen anfangs lediglich bei der Ausschreibung von Stellen im Internet, so entwickeln sich diese mehr und mehr zu Karriereportalen mit umfangreichen Zusatzdiensten für Bewerber und ausschreibende Unternehmen. (6) Die aktuelle Situation am Arbeitsmarkt mit einem starken Rückgang an Stellenausschreibungen führt derzeit allerdings auch dazu, dass den vielen Online-Stellenmärkten eine scharfe Konsolidierung bevorsteht und Prognosen zum Teil davon ausgehen, dass sich die über 400 heute existierenden Stellenbörsen in den nächsten 2 Jahren auf eine Hand voll großer und einige Nischenanbieter reduzieren wird. (13), (14) Zwei Schwerpunkte der Online-Jobbörsen sind Ausschreibung von Stellenanzeigen sowie die Aufnahme von Bewerbungen in Datenbanken. (27), (28)

## Online-Stellenanzeigen

Online-Stellenanzeigen in Stellenbörsen bieten Stellensuchenden und Arbeitgebern zum Teil große Vorteile im Vergleich zu anderen Kanälen. Geringere Kosten, schnelle Reaktionsmöglichkeit und weltweite Zugriffsmöglichkeit sind nur einige Punkte, die auf Arbeitgeberseite eine Rolle spielen. Hohe Transparenz, keine Kosten oder die Auswahl mit Hilfe von Suchmasken sind dagegen Kriterien, die für Bewerber entscheidend sind. (4), Bei der Vielzahl an derzeit noch aktiven Stellenbörsen gibt es aber für beide Seite wichtige Entscheidungskriterien, die bei der Auswahl der geeigneten Jobbörse zu berücksichtigen sind. Neben dem Branchenschwerpunkt der Jobbörse oder dem Bekanntheitsgrad der inserierenden Unternehmen sind z. B. die Zugriffszahlen der potentiellen Bewerber auf der einen Seite und die Anzahl an ausgeschriebenen Positionen auf der anderen Seite ein wichtiges Kriterium. [1], [12], [14], [15].

## Bewerberdatenbanken

Potentielle Bewerber können Ihre Bewerbungsunterlagen in Datenbanken von Jobbörsen hinterlegen. Suchende Unternehmen haben dadurch die Möglichkeit, mit Hilfe bestimmter Suchkriterien aktiv die geeignete Kandidaten in diesen Datenbanken zu identifizieren. Im nächsten Schritt können die Unternehmen den Bewerbern entweder direkt oder über Chiffre, ihre auf das Bewerberprofil passenden Vakanzen zukommen lassen. Hierbei gilt es allerdings auch, auf bestimmte Kriterien zu achten, wie z. B. die Qualität der Lebensläufe. [1], [16]

## Unternehmens-Jobbörsen

Viele mittelständische und die meisten Großunternehmen sind heutzutage mit eigenen Webseiten im Internet vertreten. Die Qualität und der Umfang der Internetpräsenz schwankt dabei von sehr einfachen Auftritten mit wenigen Seiten bis hin zu professionell aufbereiteten und mehrere hundert Seiten umfassende Unternehmenspräsentationen und Marktplätzen. Dabei spielt auch der Bereich Jobs & Karriere eine immer größere Rolle. So haben z. B. 80% der 500 weltgrößten Unternehmen eigene Jobseiten auf ihrer Firmenhompage. (16) Auf diesen Seiten werden einerseits die aktuellen Vakanzen ausgeschrieben und andererseits auch weiterführende Informationen zum Thema Bewerbung oder Personal veröffentlicht. (1), (2), Viele Unternehmen die entsprechend professionell aufbereitete Recruitingseiten besitzen, schreiben Vakanzen heutzutage zunächst nur auf ihren eigenen Jobbörsen aus, da sich auf diesem Weg oftmals schon die geeigneten Bewerber finden. (13), (29), (30)

## Initiativbewerbungen

Als Initiativbewerbung werden alle Bewerbungen bezeichnet, die bei einem Unternehmen eingehen und die sich nicht auf eine konkrete Stellenausschreibung beziehen. Zum Teil werden offene Positionen bei

Unternehmen gar nicht ausgeschrieben, da sich unter den Initiativbewerbungen schon entsprechend geeignete Kandidaten befinden. Die Bewerbungen werden von den Recruiting- / Personalabteilungen einem ersten Screening unterzogen und an die entsprechenden Fachbereiche weitergeleitet. Initiativbewerbungen sind insbesondere für Bewerber geeignet, die schon konkrete Vorstellungen über potentielle Einsatzmöglichkeiten haben. (8)

## Arbeitsamt

Das Arbeitsamt bietet Arbeitssuchenden neben der persönlichen Beratung auch diverse andere Möglichkeiten sich über offene Positionen zu informieren. Im Rahmen ihres Stellen-Informations-Service (SIS) hat der Bewerber die Möglichkeit, sich deutschlandweit über die dem Arbeitsamt gemeldeten Vakanzen zu informieren. (26) Des Weiteren können sie sich auch mit ihrem Lebenslauf im Arbeitgeber-Informations-Service (AIS) aufnehmen lassen und stehen dadurch deutschlandweit den vermittelnden Arbeitsämtern und den suchenden Unternehmen zur Verfügung. (9) Für weitere Informationen zu Veranstaltungen und Themen des Arbeitsamtes ist es sinnvoll, sich an die jeweiligen Niederlassungen in der eigenen Stadt oder Region zu wenden. (15), (26) In das Bündel der Aktivitäten des Arbeitsamtes fällt z. B. auch die Möglichkeit, sich mit sogenannten Vermittlungsgutscheinen an private Vermittler wenden zu können. (11) Der Bewerber soll hierbei aber auch auf die Qualität der Jobvermittler achten und entsprechende Qualitätskriterien und Prozessschritte berücksichtigen. (7)

# Recruitingmessen

Als Recruitingmessen werden im Allgemeinen Messen bezeichnet, die von einem Veranstalter organisiert werden und bei denen verschiedene Unternehmen mit Mitarbeitern aus den Personal- oder Fachbereichen vertreten sind. Diese beraten die Besucher z. B. über Stellenangebote, Praktikantenplätze oder aktuelle Einstellungssituationen bzw. -voraussetzungen.

# Hochschulmessen

Die Zielgruppe von Hochschulmessen sind Studenten oder Absolventen von Hochschulen. Zum einen gibt es Hochschulmessen, die von Studenten einer Universität oder Fachhochschule organisiert werden und auch nur an dieser Hochschule stattfinden. Viele

Hochschulen bieten pro Semester eine entsprechende Veranstaltung an, um den Studenten und Absolventen die Möglichkeit zu geben, sich bei den beteiligten Unternehmen über Jobangebote oder allgemeine Themen zu informieren. (8) So wird z. B. an der Technische Universität München einmal im Jahr die Industriekontaktmesse IKOM durchgeführt. (18) Es gibt aber auch studentische Initiativen die hochschulübergreifende Messen wie z. B. Campus Chances oder Access organisieren. (19), (22) Diese Messen finden im Laufe eines Jahres unter einem einheitlichen Konzept an verschiedenen Hochschulstandorten statt. Die größte Messe für Absolventen ist der einmal jährlich stattfindende Absolvententag in Köln (23)

## Karrieremessen

Karrieremessen werden von verschiedenen Organisationen durchgeführt und finden meistens unter einem globalen Schwerpunktthema statt. Zielgruppe dieser Veranstaltungen sind Young Professionals oder Professionals mit mehreren Jahren Berufserfahrung die auf diesen Messen mit den teilnehmenden Unternehmen in einen ersten persönlichen Kontakt treten und sich über Einstellungsmöglichkeiten informieren können. (4),

(10) So bieten z. B. die Organisatoren des Karrieretags oder von HiTech Carreer Exchange deutschlandweit Messen zu Themen wie Banking, Informationstechnologie oder Call Center an. (20), (21) Diese Messen stehen für Besucher normalerweise kostenlos zur Verfügung. Interessenten sollten sich aber insbesondere in Zeiten steigender Arbeitslosigkeit über die Anzahl der teilnehmenden Unternehmen und den Schwerpunkt der Messe informieren.

## Fachmessen

Auch auf reinen Fachmessen wie z. B. der CEBIT oder der Hannover Messe sind neben den Mitarbeitern aus den Fachbereichen oftmals auch Mitarbeiter der Personalabteilungen vertreten. Diese können interessierten Besuchern konkrete Hinweise und Informationen zur Bewerbungs- oder aktuellen Stellensituation liefern. (24), (25)

## Headhunter / Personalberatungen

Headhunter sind darauf spezialisiert, gegen Entgelt die geeigneten Kandidaten bei anderen Unternehmen zu identifizieren mit dem Ziel, diese dann für das auftraggebende Unternehmen zu gewinnen. Viele Headhunter haben aber auch Datenbanken mit entsprechenden Bewerberprofilen. Diese Profile erhalten sie einerseits durch ihre Search-Aktivitäten im Rahmen eines Auftrags. Zum anderen erhalten Headhunter aber auch Inititativprofile von Bewerbern, die sich durch einen Headhunter vermitteln lassen möchten. (31)

## Zeitarbeitsfirmen

Durch die Beschäftigung bei einer Zeitarbeitsfirma bietet sich für Arbeitssuchende die Chance, wieder dauerhaft zu einer festen Anstellung bei einem Unternehmen zu kommen. Ca. 30 Prozent der Leiharbeitskräfte werden von ihren zeitweiligen Arbeitgebern im Anschluss an ihre befristete Tätigkeit übernommen. Die Zeitarbeitsfirma schließt mit dem Beschäftigten einen regulären Arbeitsvertrag und ist Arbeitgeber mit allen Rechten und Pflichten. Für die Arbeitnehmer bietet sich die Gelegenheit, im Rahmen ihrer Arbeitnehmerüberlassung verschiedene Unternehmen kennenzulernen. (15), (17)

## Eigene Netzwerke / Alumni

Eine weitere Möglichkeit sich über aktuelle Vakanzen zu informieren, sind persönliche bzw. berufliche Netzwerke. Hierunter sind z. B. auch die sogenannten Alumnis zu zählen. Alumnis sind Vereinigungen aus ehemaligen Absolventen und aktuellen Studenten einer Hochschule oder eines Fachbereiches. Ziel ist es, eine Plattform für einen gemeinsamen Informationsaustausch zu haben. Diese Netzwerke bieten oftmals die Chance, sich über aktuelle Jobs zu informieren, bevor diese überhaupt im Rahmen von Stellenausschreibungen veröffentlicht werden. (32)

## Fallbeispiele

Die Siemens AG bietet bereits seit einigen Jahren potentiellen Bewerbern die Möglichkeit, sich auf der Unternehmens-Webseite über die Einstiegsmöglichkeiten bei Siemens zu informieren. Neben einer eigenen Jobbörse mit allen aktuellen Vakanzen sind Informationen und Links zu diversen Personalthemen hinterlegt. (29) Des Weiteren gibt es eine eigene Siemens-Web-Adresse, hinter der sich das gesamte Siemens-Ausbildungsangebot befindet. (2)

Unternehmen wie Bertelsmann oder T-Online nutzen Jobbörsen z. B. auch dazu, potentielle Bewerber auf ihre eigenen Jobseiten zu locken, um dort die geeigneten Online-Bewerbungen mit Hilfe entsprechender Auswahltools kostengünstig und präzise herausfiltern zu können. (13)

Wie auch bei vielen anderen Unternehmen ist z. B. bei IBM, BMW und der Deutschen Bank das Internet bei der Besetzung offener Stellen nicht mehr wegzudenken. Es werden auch weiterhin andere Medien eingesetzt, dies allerdings verstärkt unter Berücksichtigung der zu besetzenden Position und Aspekten des Personalmarketings. (13)

## Weiterführende Literatur

(1) Marktstrategien / Jobbörsen mauscheln sich durch die Krise, Computer Zeitung, Heft 22, 2002, S. 29
aus Frankfurter Rundschau v. 25.06.2002, S.34, Ausgabe: R Region

(2) Stellensuche mit der Maus
aus werben & verkaufen Nr. 30 vom 26.07.2002 Seite B04

(3) Personaler ans Netz

aus CYbiz Nr. 05 vom 24.04.2002 Seite 042

(4) IT-Arbeitsmarkt / Gedruckte Anzeigen dienen dem Image gewechselt wird per Internet / Personaler und Bewerber suchen online, Computerwoche, 12.07.2002, Nr. 28, S. 39
aus CYbiz Nr. 05 vom 24.04.2002 Seite 042

(5) IT-Arbeitsmarkt / Flaute am IT-Arbeitsmarkt hält an / Bewerber brauchen Geduld und Fleiß, Computerwoche, 12.07.2002, Nr. 28, S. 36 37
aus CYbiz Nr. 05 vom 24.04.2002 Seite 042

(6) Recruiting - Konvergenz von online und offline Wo geht's denn hier zum Job?
aus Die SparkassenZeitung, 19.07.2002, Nr. 29, S. B8

(7) Jobsuche / Die Regie nicht aus der Hand geben, Mitteldeutsche Zeitung, 03.06.2002
aus Die SparkassenZeitung, 19.07.2002, Nr. 29, S. B8

(8) Eigeninitiative zahlt sich bei der Jobsuche oft aus, Bonner General-Anzeiger, 11.05.2002, S. 43
aus Die SparkassenZeitung, 19.07.2002, Nr. 29, S. B8

(9) Jobsuche auch übers Internet, Frankfurter Neue Presse, 10.07.2002, S. 15
aus Die SparkassenZeitung, 19.07.2002, Nr. 29, S. B8

(10) Karrieremesse für High-Tech-Experten, Stuttgarter Zeitung, 20.04.2002
aus Die SparkassenZeitung, 19.07.2002, Nr. 29, S. B8

(11) Winkel, Rolf, Ein Arbeitsplatz vom Makler / Vorsicht bei Koppelgeschäften, Süddeutsche Zeitung, 30.03.2002, Ausgabe Deutschland, S. 20
aus Die SparkassenZeitung, 19.07.2002, Nr. 29, S. B8

(12) Jobbörsen im Internet (K)ein Klick zur Karriere
aus Frankfurter Rundschau v. 24.04.2002, S.8

(13) Den Internet-Stellenmärkten steht eine scharfe Konsolidierung bevor
aus Frankfurter Allgemeine Zeitung, 29.07.2002, Nr. 173, S. 20

(14) Keine Stelle unter diesem Klick Eine aktuelle Studie schlägt Alarm: Die Konzentration bei Internet-Jobbörsen schreitet fort - einige müssen das Handtuch werfen
aus FTD Financial Times Deutschland vom 29.05.2002, Seite 37

(15) Zeitarbeit als Sprungbrett / Infos beim Arbeitsamt, Mitteldeutsche Zeitung, Ausgabe Merseburg, 16.05.2002
aus FTD Financial Times Deutschland vom 29.05.2002, Seite 37

(16) E-Business-Anwendungen und die Notwendigkeit des Umdenkens im Controlling (II)
aus Betrieb und Wirtschaft, Heft 11/2002, S. 441-450

(17) Zeitarbeitnehmer sind doppelt gesichert, Kölner Stadtanzeiger, 04.06.2002

aus Betrieb und Wirtschaft, Heft 11/2002, S. 441-450

(18) http://www.ikom.tum.de/
aus Betrieb und Wirtschaft, Heft 11/2002, S. 441-450

(19) http://www.campusconcept.de/chances_frame.htm
aus Betrieb und Wirtschaft, Heft 11/2002, S. 441-450

(20) http://www.karrieretag.de/
aus Betrieb und Wirtschaft, Heft 11/2002, S. 441-450

(21) http://www.brassring.de/de/docs/site/candidate/candi(
top=log&home=y
aus Betrieb und Wirtschaft, Heft 11/2002, S. 441-450

(22) http://www.access.de/german/index.asp
aus Betrieb und Wirtschaft, Heft 11/2002, S. 441-450

(23) http://www.forum-jobline.de/de/events/absolventenkongress.html
aus Betrieb und Wirtschaft, Heft 11/2002, S. 441-450

(24) http://www.cebit.de/
aus Betrieb und Wirtschaft, Heft 11/2002, S. 441-450

(25) http://www.Hannovermesse.de/
aus Betrieb und Wirtschaft, Heft 11/2002, S. 441-450

(26) http://www.Arbeitsamt.de/hst/index.html
aus Betrieb und Wirtschaft, Heft 11/2002, S. 441-450

(27) http://www.Jobpilot.de/
aus Betrieb und Wirtschaft, Heft 11/2002, S. 441-450

(28) http://www.stepstone.de/
aus Betrieb und Wirtschaft, Heft 11/2002, S. 441-450

(29) http://www.siemens.com/
aus Betrieb und Wirtschaft, Heft 11/2002, S. 441-450

(30) http://www.bmw.de/
aus Betrieb und Wirtschaft, Heft 11/2002, S. 441-450

(31) Personalsuche / Headhunter gehen auf der Cebit inkognito auf Jagd, Computer Zeitung, Heft 11, 2002, S. 37
aus Betrieb und Wirtschaft, Heft 11/2002, S. 441-450

(32) http://www.alumni-clubs.de/
aus Betrieb und Wirtschaft, Heft 11/2002, S. 441-450

# Impressum

## Alternativen der Jobsuche

**Bibliografische Information der deutschen Nationalbibliothek**

Die Deutsche Nationalbibliothek verzeichnet diese Publikation in der deutschen Nationalbibliografie; detaillierte bibliografische Daten sind im Internet über http://dnb.d-nb.de abrufbar.

ISBN: 978-3-7379-1003-3

© 2015 GBI-Genios Deutsche Wirtschaftsdatenbank GmbH, Freischützstraße 96, 81927 München, www.genios.de

Alle Rechte vorbehalten. Dieses Werk ist einschließlich aller seiner Teile – z.B. Texte, Tabellen und Grafiken - urheberrechtlich geschützt. Jede Verwertung außerhalb der Grenzen des Urheberrechtsgesetzes bedarf der vorherigen Zustimmung des Verlags. Dies gilt insbesondere auch für auszugsweise Nachdrucke, fotomechanische Vervielfältigungen (Fotokopie/Mikroskopie), Übersetzungen, Auswertungen durch Datenbanken oder ähnliche Einrichtungen und die Einspeicherung und Verarbeitung in elektronischen Systemen.